JN440169

나는 점점 왼편으로 기울어진다

송문희 시집

문학의전당 시인선
0268

나는 점점 왼편으로 기울어진다

송문희 시집

문학의전당

시인의 말

텃밭에서
배추와 무를 다듬었다.
벌레 먹고 빛바랜 낱장 한 소쿠리
정성껏 다듬어
말리고 삶아 소박한 밥상이 되었다.

겨우 허기를 면했다.

2017년 가을
송문희

차례

제2부

제3부

제4부

제1부

나는 점점 왼편으로 기울어진다

오른편으로 기우는 몸의 중심을 늘 왼편이 잡아주었다 월 몇만 원이 기아에 허덕이는 생명을 구한다는 공익광고를 볼 때마다 나는 저절로 TV 앞에서 왼편으로 몸이 기울었다 마음이 왼편에 있는 줄 알았다 우회로를 돌 때마다 한쪽으로 쏠리는 몸을 바로 잡아주던 왼편의 배후가 궁금했다

견딘다는 것은 왼편에 몸을 기댄다는 것,

목련꽃이 왼편으로 기울고 동백꽃 왼편이 더 붉은 것도
봄의 심장이 왼편에 있기 때문이다

나는 점점 왼편으로 기울어진다

한 끼의 밥

을숙도에 바람처럼 머문 적 있다
창을 열면 조각상들 감천항 선박처럼 정박해 있고
매일 고단한 삶 관망하던 나는
바닥에 엎드린 한 사내를 만났다

을숙도 조각공원
한 끼의 밥*이란 이름으로 엎드린 사내
오로지 밥을 위해 세상 앞에 무릎 꿇고 귀를 막았다
천만 근 한 닢 금속성은
얼마나 달콤한 차가움인지
바닥을 향해 숨죽인 등에서 뼈가 녹아내리는 소리 들렸다

아버지 같은,

한 번도 환한 것 품어본 적 없던 두 손에
거역할 수 없는 그늘의 시간들
한 겹 한 겹 포개어져 있다
한 끼의 밥 구걸하는 저 빈손은 얼마나 많은 굴욕을 견디

었나

주린 배 채우기 위해
팔꿈치와 무릎으로 기어야 한다

맨발의 사내
두 손 벌려 목숨을 구걸하고 있다

---

*을숙도조각공원 김병철 작가의 조각상.

행복의 온도

회식은 늘 돼지국밥이다

한 뚝배기면 속이 든든하고예 고기 몇 저름 다 지 몫이니
인정머리 없이 다투어 먹을 일 없고예
차려 먹기 귀찮은데 두세 끼니 걸러도 거뜬하지예
젤로 좋은 거는예, 속이 뜨뜻해져서
오래 살고 있는 내가 다 용서가 되는 거라예

후루룩 땀 흘리며 먹는 물컹한 돼지국밥
녹록치 않은 독거를
푸념도 넋두리도 아닌 노랫가락처럼 훌훌
씹어 삼킨다

까막눈 뜨겠다고
아침 첫차 타고 두 번 갈아타고
기역, 니은, 힘든 걸음, 다 늦은 나이에 배우는 게 행복하다고
기름값에도 못 미치는 강의료가 가끔 서운했던 것이

부끄럽고 미안하고

돼지국밥 먹던 날
돼지는 죽어서도 너와 나, 뜨겁게 살맛나게 하는 것을
사람도 그래야 되지 않겠냐 하시는

아직 뜨거운 팔순들

귀무덤

교토에 가면 귀무덤이 있네
거기엔 조선 병사들 목 대신 베어 간
코가 묻혔는데
코무덤이 아닌
귀무덤이라 부른다네

관광객 앞에서만
묵념하는 만행의 역사
무방비로 당한 민족 앞에
사죄와 반성은커녕
치욕의 역사로 관광 벌이를 하다니

부끄러움도 모르는
만천하에 드러난 그들의 욕사(辱史)

에비! 에비!
얘들아
함부로 만지지 마라

도시의 누 떼

거침없이 광야를 달리는 수백만 마리 누 떼
살기 위해 함께 발을 맞춘다

도시의 광야를 질주하는 사람들
아홉 색깔 화살표를 따라 대평원 가로지르는
치열한 행군
날마다 지하에서 벌어지는
한 방향 한 무리
누의 발굽 소리와 누의 심장 소리를 듣는다

악어 떼를 조심해
강을 건너면 도시에도 초원이 펼쳐지지
흩어지거나 쓰러지지 않도록 발밑을 조심해
무사히 안착할 내일을 위해
다시 환승하는 사람들

지금은 누 떼가 질주하는 시간
절룩거리는 늙은 누는 또 길을 놓친다

희망을 시위하다

바닷물처럼 들고나는
지하도의 신발들 한가운데
붉은 등대로 선 당신

몸통보다 큰 널빤지에 침묵의 고함을 적어
멈출 수 없는 항해에 길을 밝힙니다

힐끗거리며 잰걸음 내딛는
항해사들의 붉은 꿈

비정규직
지구환경
반전평화
노동자 근로환경
학교급식 개선
청년실업

꿈이 걸린 희망시위

당신이 진정한

甲입니다

조우

늦가을 어스름 무렵
성모상 앞에 엎드린 고양이 한 마리
인기척에 미동도 없다
입도 귀도 단단히 닫고
오랜 묵상의 경지에 이른 듯
대침묵에 든 듯

슬픔 따위 이겨내지 못하고
울먹이는, 나를 향한 일갈
굽은 등줄기가 산맥처럼 가파르다

어떤 아픔이 세차게 타고 내려간 흔적
견딜 수 없는 통증에, 벼린
온몸으로 기도하는 미물의 등짝

나는 가슴에 모은 두 손을 가까스로 펴서
바닥을 짚고 몸을 접는다
켜켜이 쌓인 말들을 비워내고

영원을 청하는데

부스스 몸 일으켜 어둠 속으로 걸어 들어가는

한 슬픔이 사라지듯
한 스승이 떠나가듯

어떤 주문

꽃 축제 한 마당
활짝 핀 꽃들을 지나 구석진 곳, 의자 하나 놓고
중절모 푹 눌러쓴

캐리커처 그리는 화가가 늙어가는 나를
최대한 익살스레 그려보겠다는데
왠지 내 인생이 익살스러울 것 같아
잠시 망설인다

당연한 것이 불편하다

늘어진 쌍꺼풀 가지런하게
듬성듬성한 머리칼 풍성하게
처진 턱선 날렵하게
팔자주름 눈가주름 목주름 없애주시면
안 될까요?

그러면 딴 사람이 됩니다

자리를 고쳐 앉았다

정 그러면
옆모습은 어떨까요?

마법의 도시

컴컴한 중앙통 밝히기 위해
빛을 퍼붓는 도시
사람들이 빛에 홀려 거리로 쏟아졌다
길고양이도 쓰레기도 빛나는
빛은 최고의 마술사
어두울수록 빛나는 세상
사람들에게 어둠은 이미 존재하지 않는다

루미나리에 거리
웃음에는 빈부격차가 없다
차별 없이 빛나는 시간
중병에도 심리 치유에도 빛은 만병통치약
모두들 어린아이처럼 환하다
사람들에게 기억은 이미 존재하지 않는다

빛나는 어둠 속에서
사람들은 더 밝고 높은 빛을 찍어
어디론가 타전한다

신데렐라 황금마차가 도착하면
오늘이라는 지루한 하루를 싣고
어제 같은 내일로 떠날 사람들에게
빛은 이미 존재하지 않는다

첫 통증

녹내장에 걸린 아버지
후벼 파는 통증에 머리 싸안고 뒹굴다
한참 고요하여 들어간 밥상, 부엌으로 날리셨다
난생처음 듣는 하늘의 호통
엄마는 구운 백반 갈다 멈추시고
철없는 것들 눈물 콧물 다 쏟는데
이불 북북 찢어지는 소리에 귀가 번쩍
아아, 침묵의 고통
하느님 부처님 다 미신이라 하시던
아버지, 무당 불러와라 굿 좀 해보자
순간 나의 첫 통증이 시작되었다
가난, 기막힌 삶의 방식이 마음 절룩이게 하고
침묵을 끌어안은 채
먼 곳만 바라보게 하던

그 후
한쪽을 잃어버린 눈, 다시는
철없는 것들 다정하게 바라보지 못하고

다른 쪽의 절경도 찾지 못하고
속을 누렇게 비워내시고
반들반들 닦아내시고,

여우별을 보았다

너는 쥐약을 먹었어
박카스인 줄 알고
그게 끝인 줄 모르고

널 찾아 헤맸어
죽마고우가 사라졌다는 걸
믿지 못하고

창문 아래에서 찾았어
창문 두드리는 소리에
열면 사라지고 또 열면 사라져
나가보면 폴짝 뛰어오르던
귀여운 너는

한낮이 어둑해지고 비 냄새 나는 날
매지구름 사이 반짝 빛나고 사라진
여우별,

덜컹덜컹 창 두드리는 것이
너인 줄도 모르고 닫아걸었지
외로움인 줄 모르고
더 꼭꼭 채우며

나래기

그날 나래기에는 왜 갔을까
우리는 무엇을 찾았을까

봉화 석포에서 서울 동대문구 답십리를 떠올렸다
고요한 시골 풍경 속에서 찌든 판자촌이 오버랩 되었다

개울에서 도란도란 빨래하는 여자들과
판잣집에서 봉투 붙이고 거즈 접던 여자들

한적한 시골 탁 트인 바깥과
궁색하고 비좁은 도시의 안쪽

'그냥 없음'과 '있다가 없어졌음'의 차이
'적적함'과 '막막함'의 차이

비 갠 뒤 나래기는
학이 날아가는 형상이란 마을 고샅은
아직 빗방울 맺힌 추억처럼 그리운 거기는

학(鶴)의 날개쯤이 아닐까

옥수수밭 사이로 짙은 흙 내음이
훨훨 날아올랐다

흑백의 골목

골목은 도시의 사각지대
도시 안쪽 거처는 저장되지 않는 지점
햇빛의 감시망 벗어나 미로 같은 좁은 통로 지나면
무료한 담벼락,
경계 없는 쪽문과 쪽문의 행간에는
낙서같이 담쟁이가 자라고, 아이들은
매일 똑같은 문장을 썼다

아이들은 골목길을 오솔길이라 부르고
단칸방을 오두막이라 불렀다
대개 홀수로 살아가는 이마를 맞댄 골목은
슬픔의 크기마저 고만고만했다

방 하나에 세 든
도편수가 꿈이라는 목수 총각
두어 달씩 방을 비우면 누구나
두 평의 황홀한 자유를 누리며
슬그머니 그 방에서 책을 읽고, 술을 마셨다

세상 막다른 골목에서 자라난
음지들이 바깥으로 발을 뻗어나갔다가
시간을 되짚어 찾아오면

오래된 골목은
속주머니에 숨겨둔 풍경을 꺼내놓는다

적색몸돌의 사유

저기 적색몸돌
석기시대 제 몸 뜨겁게 떼어
숫돌 돌망치 긁개 찍개 만들다
지금 유물이 된 모체가 박물관 유리관 안에서
절대적인 사랑으로 저리 붉게 서 있다
적색몸돌은 굳어진 모성인가
모성도 희귀하면 기념비적 유물이 되는지
차창 밖 화석처럼 서서
어쩌다 찾는 자식 배웅하는
붉은 눈 출렁이며 타들어가는 어머니

이제
세상은 유적지가 되어 가는지
어머니는 유물이 되어 가는지

제2부

개똥참외

개 같은 세상이라고
족보도 모르는 새끼라고
함부로 욕하지 말자

땡볕에 목이 타던 한여름
천방 둑길에서 마주친
개똥참외

정말 달게 먹었네
누런 개똥 같은 참외

너 한입 나 한입
맛있다 고맙다
잘근잘근 씹어 먹었네

무던이

산 아래 열두어 가구, 두레상처럼
둥근 마을에 무던이가 있다
무던이는 여리디여린 꼬마였고 맏이였고 보모였다
새벽녘 어른들 논으로 밭으로 다 나가면
아이들 모두 무던네로 갔다
무던아, 무던아
배가 고파도 벌레 물려도 졸려도 싸워도
아이들은 무던이만 찾았다
누가 시키지 않아도 척척 챙겨주는
천성이 다정다정한 무던이
괜찮다, 괜찮다 하다가 속상하면 울어버리는 무던이
무던이 울까봐 더 고분고분해지는 아이들
무던이가 있어 정겹고 따사로운 마을

팍팍한 세상 무던한 사람 하나만 있었으면
약삭빠르고 똑똑한 사람이 아닌
너그러운 그 사람이
나였으면

청려장

명아주는 애초에
바닥을 밀어 올리면서 안다
세 각으로 세워야
제 몸 가벼울 수 있다는 것을

가지 치다가 다리 찍힌
뼈의 무게로 반쯤 무거웠던
뜨거운 발 하나가
더 필요했다

오랫동안
쓸모없이 뜨겁기만 했던 시간에
아득하게 주저앉은 나를

가볍게 일으켜주었다
초겨울 단단해진 지팡이

손꾸락 경전

요렇게, 엄지와 검지를 위로 붙이고
아래쪽에는 약지와 색지로 중지를 받치고
꼬옥 잡고 눌러 써볼까요?

손꾸락이 말을 안 듣네

호미와 낫보다
턱없이 가벼운 연필 들기 더 힘들다고
쩔쩔매는 노년

연장은 주먹으로 꽉 잡아야 더 딴딴헌데
힘없는 손꾸락으로 왜 그렇게 복잡하게 잡냐고요

넋두리도 연필 흘려버리듯
입가 웃음 흘리는 애절한 눈망울

열댓 번 또르르 또르르 흘리더니
어느새 엄지와 검지 두 손가락으로 잡고

까딱까딱 이름자 따라 쓴다

사뭇 진지해진 연필과 노년의 혼연일체

실눈 뜨고 손꾸락으로 경전 쓰시는
칠순 막둥이 여학생

파랑주의보

올해는 바다를 조심해야 한대이

네, 바다엔 안 갈게요

그게 물을 조심하라는 거라카이

네, 물 조심할게요

니 미신이라고 대충대충 대답만 하제
엄마 말 단디 듣거래이
니는 전에도 엄마 말 안 들어갖고……

네, 엄마 지금 좀 바빠요

다시 연락하겠노라 서둘러 끊어야 한다
어느 해 차 조심하라 했는데 사고 나서
다신 어미 못 볼 뻔하지 않았냐고 목메기 직전
수위가 최고조에 달하기 전

해마다 정월이면 어김없이 들려주시는 주의보
예측할 수 없는 곳 막아놓아야 마음 놓고
한동안 뿌듯하게 지내실
어머니 향한 유일한 효도는, 그저
네, 네,

오늘도 알 수 없는 세상의 파도 앞에서

동백꽃 여인숙

사시사철 동백꽃 핀다
하룻밤 헐값으로
숙박부에 적은 거짓은
진실하지 못한 사랑이 아니다
한 떨기 수줍은 사랑이
가난한 시절을 견딘 것이다
해마다 떨어져도
떨어진 자리에서 다시
피고, 피었다가
마지막 잠이 쏟아질 때
그 사랑을 안고
생생하게 떨어지는 어제처럼

동백꽃 이불
마당 빨랫줄에 척 몸을 걸치고
다시 보송보송하게 꽃을 피운다

졸년월일

날 잡는 걸 즐기는 여자
아이들 생년월일에 시간까지 잡아
제왕절개하고 시도 때도 없이
철학관 들락날락하더니
하루는 풀이 죽었다
죽는 것도 날 잘 잡아 죽으면
자식들 잘 산다 하더라고 걱정이 태산이다
별 미친 소리 지껄인다고 내쳤더니
며칠 후 철학관 다녀왔다고 낄낄대며 찾아왔다
좋은 날 받았냐
언제 죽으면 좋다냐
너무 걱정 돼서 철학관에 갔더니
죽는 날 잡는 건 법에 걸리고
그런 날은 잡지 않는다고
그런 것에 신경 쓸 겨를 있으면
자식들 밥이나 잘해 먹이라고 하더라며
그 여자 왈,
그 철학관 진짜 용하지 않냐

저녁을 완성하다

저녁의 끄트머리에서 완성되는 하루

휴식이라는 이유로 저녁에 도착한 사람은
금방 알게 되지
스물넷으로 등분한 시간은 얼마나 계산적인가

무언의 명령을 시분초로 나누어
재깍재깍 시간을 다투어 밤낮 끌고 다닌 흔적들

어떤 이는
시간이 없었다고 하고
시간이 너무 늦게 갔다고 하고
시간을 쪼갰다고
시간에 쫓겼다고도 하지

저녁은 돌아보는 시간
태양이 그 하루의 끝으로 가
마지막 노을로 피어날 때

저녁의 따스한 여운은 어슴어슴
암묵적인 동의를 하지

저녁에 기대어 하루를 완성한 시간은
매일 자정을 넘나들지

단단한 그늘

단단한 것은 사실 상처가 깊다
소나무 숲에서 비틀거리는 고목을 붙들어
허공에 키를 세운다
쇠로 된 지지대는 나무인 양
어깨에 힘을 집중하고 있다

숲은 나무들의 집
오랫동안 그늘을 키운 고목의 힘으로
숲을 지탱하는, 노모
사고로 인한 뇌손상 탓인지
오래도록 비틀거렸다
자주 허공을 짚고 쓰러지곤 하여
지팡이와 유모차가 걸음 옮겨주고
기댈 수 있는 사람의 어깨가
늘 곁을 지켜야 했다

나무든 사람이든
서로가 서로에게 어깨를 내어주면

측은할수록 단단해지는 그늘이 된다
가벼워지는 노모, 그늘이 짙다

부석사

돌과 돌 사이

무량겁(無量劫)이 흐른다

이 세상과 저 세상 사이

까맣게 떠 있는 부처

번뇌와 해탈이 한 몸이다

외도에서

그 여자는 세상 밖을 꿈꾸고
섬은 그녀를 데려갔다
팔월 한낮 긴 해는 빛을 양껏 쏟아내고
꽃들은 간간이 헐떡이며
나무의 짧은 그늘을 아쉬워한다

그 여자, 명상의 언덕에서
궁여지책으로 남겨진 시간을 생각한다
뜨거울 것
계획적일 것
아름다울 것

갯바위에 부딪치는 파도를
묵묵히 어루만지는 바다

뭍을 끌고 배가 들어왔다
오후 세 시다

의림지

한때 농지를 따라 콸콸 내달리던 물결
흙을 부둥켜안고
이천 년 흘러온 기억이
푸른 물결무늬로 떠 있는 의림지

섬 하나 키우는 의림지, 바라보면
물의 심장인 듯 두근거리기도 하는데
섬의 뿌리가 저수지 전체로 뻗어나가
가끔 외로움에 뒤척이고
물의 야성이 살아나 출렁이기도 하는데

그건 사람살이에 닿고자 하는
물의 숨

수양버들 가지를 던져놓고
노송은 느긋이 눈을 감는데
주섬주섬 숨을 고르는 저수지

누구는 바다를 보았다 하고
누구는 어머니를 보았다 하고

열무장수

밀양에서 부산까지 오가는 통근길
매번 무궁화호 6호차에서 만난 열무장수 보따리에
구포장날이 묶여 있다

역 계단을 내려오면 바로 6호차
무거운 열무단을 맨 먼저 6호차가 달려와 받아 안았다

싱싱한 열무 보따리를 자리에 앉히고
급정거에 열무단이 넘어질까 승객에 떠밀릴까
노심초사 팔걸이에 걸터앉은 열무장수

열무단을 왜 자리에 앉히느냐는 친구의 지청구에,

야가 오늘 제일 물올랐다 아이가
제값 받을라모 잘 모셔야제
손주 돌반지 하나 살라모 멀었다
금값이 하도 올라
열댓 번은 내다 팔아야제

열무가 금이 될라모 어쩔 수 없제

구수한 입담이 졸음을 흔들고
다시 꾸벅거리던 새벽 기차

늦저녁, 다시 만난 열무장수 아주머니
금세 잠에 빠졌다가
밀양역에 도착하면 번쩍 눈을 뜨고

출구를 향하여
씩씩하게 걸어나갔다

천 원의 경지

우체국 정문 곁 미니붕어빵 포장마차
어린 손주 돌보듯 할머니 손길이 자애롭다
겨우내 문을 여는 둥 마는 둥
빵 굽는 시간도 들쭉날쭉
열렸어도 닫힌 듯
무심히 지나가기도 하는데
가끔 식어버린 아기 손바닥만 한
붕어빵도 할머니도
물끄러미 행인과 자동차와 구름 바라보는
그 모습 평화롭고 아득하다

새하얀 봉투에 고요히 든
미니 금부처 여섯

제3부

분수

물기둥
일제히 수직으로 치솟는다
천 갈래 만 갈래 흩어지는 물의 뿌리들
마른 허공이 젖는다

겹겹이 뜨겁게 허공에서 춤을 추는
저 위험한 곤두박질

들끓는 생의 무게가 단숨에 부서지고
눈부시게 물구나무로 펄펄 서 있다

익숙한 반복의 힘,

한사코 되돌아오는 힘으로
모래톱 위에 다시 일어선다

붉은 집

공장에 간 엄마 기다리던 옆집 아이
방 쪽 화덕을 마루로 끌어당겨
뜨뜻한 마루에서 졸다가 불꽃을 보았다

순간
불기둥은 지업사에 달려들어
최신형 우드장판 장미꽃무늬 실크벽지를
공납금과 쌀자루와 옷과 책을
단숨에 먹어치웠다
지업사는 물을 몇 차례 뒤집어쓰고도
불씨를 자꾸 일으켰다

새벽은 폐허를 밟고 낯설게 왔다

좁은 마당 한 켠 타다 만 장판과 벽지들
오래오래 탄내를 풍겼고
빚더미는 더 오랫동안 가슴을 태웠다

모녀는 어디론가 사라지고
모두 빈손으로 돌아간 불의 잔치

어깨 좁은 담벼락에
붉디붉은 장미는 활활 타오르고

꽃몸살

몸을 풀었다
살을 찢는 산통, 울음 꿰매며
꽃바구니로 포장된 백 송이 장미 불긋불긋
꽃의 회음부 혈흔에 묻혔다
꽃몸살이 시작되고

눈만 뜨면 젖을 찾는
입술에게 젖꼭지 디밀어도
밤새 젖이 불어 젖병에 꾹꾹 눌러 짰다
몸을 짜내어 몸을 키우는
세상의 모든 어미들

젖몸살은 산통 다음에 오는 기쁨
선홍빛 꽃잎보다 붉은
꽃이 피었다

아이는 젖을 물고 까르르까르르 잘도 웃고
마침맞게 젖살 오르고

세상은 모든 아픔에게 장미의 나날을 약속한다

꽃을 잘랐다
젖몸살 몇백 번 더 겪어도 다시 꽃피울 수 없을

젖 먹던 힘의 출처가 모호하다

촛불

나를 태우는 것은
네 안에 머물러
한 알의 밀알로 활활 꽃피우는 것
붉은 눈 허공을 향하고
뜨겁게 몸 쓸어내리는 촛농
향연은 끝나지 않는다
무릎 꿇고 기도와 단식과 겸허로
삶은 그렇게 환하게 불 켜는 것
그저 따스하게 불 지펴
하나가 되는 것
말의 씨들이 불의 씨가 되고
구겨진 파지 위 불꽃을 피우는 것
고요하게
네 안에 오래오래 머무는

그 저녁

신접살림 둘이 오붓이 살라시는데
시할아버지, 시아버지, 시어머니
늙으면 같이 있어도 외로운
세 분 마음에 밟혀
극구 문간방에 들었다

이따금 문간방으로 가는 것이 겸연쩍어
뭉그적뭉그적 괜스레
장독대 근처 서성이거나
옥상에 올라 고추 몇 개 따서 내려오거나

티브이 틀어놓고 졸다가
들고양이인가 문 열어보시다가
언능 드가라 고단할 텐데
바람결 손등으로 밀어주시던

부엌에 웅크려 앉은
그 저녁

위양지의 봄

오월, 저수지는 빈둥빈둥
박 영감처럼 뒷짐 지고 거닐어 본다
출사 나온 한 무리의 렌즈에
빙긋 웃어 보이다
왕버드나무 그늘에 기대어
두런두런 사람 사는 이야기 듣는다

화두는 송전탑이다 희망버스다
고압 송전선 지나가는 마을 마을이 위험하다
순박한 할매 할배 연일 반대 시위하느라
목 터져라 외치고 울화통 터지다
농투성이들 시내로 광화문으로 달려가고
희망버스 마을로 들어오던 날
경찰버스 들어와 저지하느라
얽히고설키고 밀고 당기고 드러눕고
벌써 여러 해 끝이 보이지 않는다

오월이면 위양지에서

김치 찢어 막걸리 한 사발 걸치고
양반춤 병신춤 범부춤 흥에 겨워
사는 일이 좋구나
살아있어 좋구나

이팝꽃만 봐도 허옇게 웃더니
단단히 등 돌려 어디로들 가셨는가

어서들 오시게
바람결에 타전하는 갈 수 없는 몸
버드나무 가지 부여잡고 울부짖는다
옛날로 돌아오소
옛날을 돌려주소

꽃 전대

시장은 꽃밭

장미꽃 전대, 목단꽃 전대, 제비꽃 전대, 연꽃 전대
생선도 채소도 과일도 쌀도 양말도 커피도
꽃 한 다발씩 허리에 차고 있다

과일장수가 찬 해바라기 전대는
황금색에 씨앗도 많아 돈이 술술 들어올 것 같아
허리 졸라매도 마음만은 든든하다는데

자식들처럼 허리에 매달린 층층 주머니가 다섯

오만 원 방
만 원 방
오천 원 방
천 원 방
동전 방

방방마다 목표가 있어
꽃씨들 쉬이 꺼내지 못하고 밤엔 돌돌 말아 베고 잔다

대목이면 쩔렁쩔렁 동분서주하는
땀내 맡고 몸에 피는 꽃들
사계절 비바람에도 지지 않는다

무언의 절창

캘리그라피 퍼포먼스
차가운 바닥 광목이 깔리고 무대 결문이 열린다
맨발의 화가 하얀 바지저고리에 가면을 쓰고
빈손으로 걸어 나온다
삼보일배, 엎드릴 때마다 터지는 오방색 물감주머니
흰 옷을 적신다, 온몸 물들인다
東에서 西로 다시 東으로 이어지는 길
탄생과 생명 다시 부활
검정으로 그리는 한 획 한 획
붓이 부러지고 붓끝이 휘어지며
갈필로 치는 밀양아리랑
광야에서 희망 솟아오르는 무언의 소리

그렇게 삶은 혼신을 다해 맨발로 쓰는 한 획
영원을 향해 내딛는 한 걸음

가면을 벗었다
고통으로 일그러졌던 얼굴이 다시 태양을 맞는다

제부도

새벽, 제부도는
한 사람의 속울음을 저장 중이다
어젯밤 잠을 설친 그는
고해하지 않아도 알아내지 못한 죄까지
사(赦)해 줄 것을 믿는
신앙처럼
소란스레 펄럭이는 마음 다잡고 있다
세상은 절정의 순간 내려서지만
바다는 예정대로 길을 열고
갯벌에 묻힌 진득한 삶을 공개한다
묻혀 있어도 치열한
삶의 방식들
수없이 밑줄 그으며 타들어간 가슴들
질퍽한 굴욕 속에 꿈틀대는 생명들
바다 저장고는 깊고 깊어
심오한 생의 역사를 발효 중이다

손수레를 밀다

깡마른 갈미댁이 끄는 손수레
삐거덕 삐거덕
며칠 전 퇴행성관절염 무릎에 붙인 파스
걸을 때마다 덜렁대더니 기어이 떨어졌다
땅바닥에 떨어진 파스 주워 다시 붙이며
야야 쪼매만 더 밀그레이
우리 집 다 와 간다

개조한 손수레
윗부분에 판때기 덧붙여 과일 가득 실어
원래보다 더 무겁고 밀기에도 불편해
미는 딸이나 끄는 어미나
힘겹긴 매한가지

머리 처박고
두 팔 뻗어 미는 중학생 딸내미
어메 쪼매만 힘내요
집에 가믄 안마해 드릴게요

밤을 밀고 가는 손수레
어둠을 밀어내는 손수레

영남루 야경

밤은 돌아오는 시간
빛난 시간은 사라지지 않는다
어둠 속에서 푸르게 푸르게
빛을 품은 고요
저 영남루를 보시라

침류각
사붓사붓 올라
구름인 듯 바람인 듯 서서
응천강 건너건너 먼 데를 보라
시선 닿는 곳 모두 절경이라
십리 빼어난 경치를 읊던
양헌*을 생각하고
누마루에서
붓끝을 고르던 선조들의
한 획 한 획
희고 높고 푸른
시화와 풍류를 생각한다

수백 년 역사
고고하게 솟아 있는
밀양 영남루
저 어둠 속에 피어나는
풍경을 보시라

---

*양헌: 이원의 시호, 제영시문이 영남루에 남아 있다.

호박잎

호박은 덩굴이 뻗어 오르는 통에
작은 텃밭에서 키우기엔 마땅찮다
하시던 어머니 결국 호박잎을 키워 보내셨다

꽉꽉 눌러 담았으니 잘 열어보라시는데
스티로폼 상자 테이프를 뜯자
뚜껑을 밀어 올리는 거친 손바닥이 기운차다
불뚝불뚝 튀어나온 혈관들
까슬까슬한 저 손등의 푸른 질감

가슴이 부풀어 오른다

이런 맛인가
무언가를 키우는 일이란
청춘으로 돌아가는, 착각 같은

입 안이 물컹하다

빈틈으로 건너가다

주인이 떠난 후 집은 시들기 시작했다
병든 주인 지키느라 수고한 집은
가끔 주인이 보였던 징후처럼
꿔다 논 보릿자루마냥
순하게 찌그러지고

그 집은 본래 성질이 물러서
고양이 떼 들썩이고
전봇대가 종일 기웃거려도
왼쪽으로 기울어진 계단 절룩이며 내려와
조금씩 몸을 비웠다

살수록 오래된 기억이 생생한 집은
누대의 생을 생각하다가
맺힌 것들이 눈가에서 가슴에서 말랑말랑해진다
그저 생애가 작은 틈인 것을

바람의 거취

평사리에 갔다 악양이란 이름에는 바람 소리가 났다 아쟁과 섬진강이 유유자적 흐르는 소리가 담겼다 한여름 밤에 오른 형제봉에는 운무가 정상 가득 차올라 발아래 펼쳐진 비경이 사라졌다 아니다 그게 바로 비경이다 지금 박경리문학관 꼭대기 누마루에서 비 갠 뒤 운무가 비껴 흐르는 그림 같은 악양을 굽어보며 알 것 같다 이도 저도 바람의 기막힌 연출인 것을,

바람의 행방은 묘연하여 한밤 괜스레 잠이 깬 것도, 시어에 갇혀 들앉은 것도, 천골이 부대껴 결국 문 열고 설악초에 마음 빼앗긴 것도, 누마루 뒤편 숨은그림찾기 하듯 빼어난 소나무 한 그루 찾아 삼천 원에 뒷거래한 우스갯소리도, 무익한 담배 연기에 쫓기던 것도, 다 바람 탓이란 우격다짐에도 나타나지 않는 바람의 거취가 궁금하다

제4부

소주병

선반 한쪽 구석에 숨겨둔 소주병
잔을 쓰고 명상 중이다

밥상 차릴 때 한 잔
손님 오실 때 한 잔
살기 좋을 때 한 잔
살기 힘들 때 한 잔

한 시절 탈탈 다 털어 마시고
이제 한 모금 남은
아버지

개다리소반에 관한 기억

저 질긴 밥상 그만 차리고 싶다던
여든 넘은 시아버지 수발하던
칠순 며느리 말투는 자주 구부러졌다
삼시세끼 퇴행성관절염 다리가 문지방 넘을 때마다
좌우로 기우는 몸
개다리소반이 중심을 잡았다

구부러져 어정쩡하게 물린 밥상이
당신 처지 같아서
발로 툭 건드리기도 하고 손으로 쓸어보다가
무거운 생 지탱해온 상다리 어루만진다
열두 귀퉁이 당겨진 활시위처럼 팽팽한 둘레
바닥을 딛는 힘찬 착지가
탄탄한 일가를 이루었다는 소반의 독경
구부러진 무릎 살짝 당겨보았다

질긴 생 버리고 모두 떠나자
어디론가 사라졌던

개다리소반

절룩절룩 걸어 나올 것 같은

대설주의보

현관 앞에 신문이 웅크리고 있다

—휴일 오후 서울 종묘공원, 노인들이 볕이
잘 드는 벤치에 앉아 시간을 보내고 있다—

사회면을 장식한 대설주의보의 확실성
누군가 새로 산 사진기의 신뢰도를 증명한 게다
나무 아래 수십 명 노인들이 눈처럼
보송보송 제각각 섰거나 앉았거나
겨울바람에 날리다가 결국 동그랗게 모였다
지팡이에 쌓인 눈발 한 움큼 털썩 주저앉았다

헐거워진 나무들이 점점 육체를 부풀리는 이월 말
노인들은 차츰 움츠리며 싹둑 잘려진 가지를
움푹 꺼진 실눈 추켜올려 본다
가로수에 혁대처럼 둘러쳐진 보호대
의족처럼 기대 선 지지대가 낯설지 않다

쓴웃음 바람에 날리고
오늘따라 따순 햇살이 주름을 폈다가 접었다가
기우뚱 서쪽으로 금세 달아날 조짐이다

—2018년에 고령사회(65세 인구 14%)로 진입할 것이다—

사회면 대설주의보는 애써 화안하다

엄마의 바다

연일 바다는 빈손이다

무엇이라도 해야 살 것 같은 엄마들이
화장을 시작한다
눈물 뒤범벅된 얼굴에 분칠하고
아이섀도우, 립스틱을 바르고 바다에 나선다
내 딸 내 아들
학교에서 돌아올 때처럼
꽃단장하며
가슴 찢으며 애를 태운다
이런 몹쓸 간절함이 하늘에 닿아
네 몸 한 조각이라도
엄마 부르듯 달려와 주기를
그렇게 되기를
덧칠하고 덧칠하여 바다가 붉다

버킷리스트

그리고 만약 시간이 더 주어진다면,

인도 갠지스 강 다비식 직접 보기
—다 타지 못한 채 던져진 사체가 개들의 밥이 되는
지극히 자연 그 자체인 인간의 본질을 느끼기

그럼에도 불구하고 봄은 올 것이다

하구에서

방황을 끝내려고 찾아간 바다에서
낙동강의 끝을 만났다
강과 바다가 만나는 하구
그곳에서 만난 철새들
노랑부리저어새 넓적부리도요
제비물떼새 재두루미 쇠제비갈매기

떠나려고 찾아온 방랑자들
갈대 우거진 섬에서
철새들이 뻘에 부리를 묻고 있다

生에서 거저 얻어지는 것은 아무것도 없다
원망마저 내 몫이 아니다

아비를 떠난 무리들
한 生에 내린 아틀라스의 형벌*을
대물리지 않겠다는 아비의 다짐이 갈대처럼 우거졌다

바다의 어귀, 강의 끄트머리에서
내가 버린 방황을 물고
철새들이 날아오른다

---

*하늘과 땅 사이를 받치는 기둥을 버티는 형벌.

촌놈정신

다투듯 밀려오는 무수한 말들 가운데
당당하고 소탈하고 숨김없고 변함없는 마음 가운데
도시의 어느 광장
어느 거리
어느 골목
어느 변두리 가운데
가장 인간적이고 가장 소신 있고 가장 뚝심 있는 가운데
태산 같은 사람들 가운데
그들도 별반 다르지 않는 가운데
모두들 촌놈들인 가운데

웃는 얼굴

산골 간이역에 내렸다
날이 끄무레하여
바삐 플랫폼을 빠져나오는데
웃음소리가 들렸다
벤치에 앉은 두 사람
눈이 감긴
활짝 웃는 이순구 화가의
웃는 얼굴 그림처럼
노란 목젖 드러내고 하얗게 웃는
민들레처럼

둘은 눈을 감고 있다
생전 떠본 적 없던 것처럼
웃음을 꼬옥 붙잡고 있다

날개

영주 구역(舊驛) 통로에 살던 아이들은
모피상회가 동물원이었다

야생에서 꺾어온 거죽들이
마지막 향기를 말리고 홍정하는 곳
사방 벽과 문기둥에 걸린 털 거죽들
생의 단 한 벌인 옷이
또 누군가의 몸을 입고 부활한다
죽어서 더 빛이 나는 짐승들
사후에 남긴 건 저 거죽뿐이다

두고두고 생이 저릴 때마다
피 말리던 냄새 한 벌 껴입고
여자들은 상처를 숨겨두지
초라해진 나이에 윤기가 도는 건 그 때문이지

한 벌의 날개가 되기 위해 죽은 생목숨들

밍크, 친칠라, 여우, 토끼, 표범……

거울에 비친 여자
동물의 생을 입고 활짝 웃고 있다

회혼례

2016년 4월 9일
음력 이월 보름

잔치가 시작되었다
사모관대 족두리 연지 곤지 찍고
예순 해 살아도 멋쩍은 부부
환한 주름으로 화답하는 다홍빛 얼굴
팔순 지나며 더 멀어진 귀며 눈이며 치아며
뼈란 뼈는 가늘어지고 휘어 걸음걸음이 춤사위다

경사로운 육십 년 만의 혼례
부창부수로 살아온 생애
아들 딸 며느리 사위 손자 손녀
바닷바람도 살갑게 달려와 큰절하고
조개 소라 새우 대게 해초들 한 상 가득 떠들썩하다
자식들 나이만큼 함께한 시간들
밤새워 토해낸 모래알 고백
망망한 놈 종종거리는 놈 뚱한 놈 살가운 놈 미쁜 놈

고해는 늘 생의 언저리

귀하디귀한 세상 단 하나로 맺어진 일가(一家)
오늘처럼 오늘처럼만
다시 시작하는 기도

시든 꽃

택배로 배달된 꽃
포장을 뜯자 숨죽이던 꽃의 비명

꺾일 때부터 시들기 시작하는 꽃
다음 꽃 배달될 때까지 견뎌야 한다

한 이틀 활짝 웃다가
한 열흘 시들시들 웃음이 말라가는 꽃
식탁에 올려놓고 들여다보니
살아있는 게 애처롭다

보름마다 배달되고
보름마다 죽어나가는

꽃의 장례
떠난 자리에 가만 손 얹어본다
한 줌 향기가 뭉클하다

만어사

한낱 청맹과니였던 나는,
오래도록 종소리에 귀만 열어두었다

눈이 비어버린 물고기들처럼

천사의 나팔

여름 밤바다 축제
바다는 뜨거웠던 모래 털어내고
햇빛 가리개 모두 접어 어둠을 목청껏 부른다

오케스트라가 하나씩 다른 소리를 들고 나와
같은 음계에서 만나기로 한 약속처럼
소리는 지휘봉을 따라다니고
관객들 맨발로 클래식을 듣는다
트럼펫 연주가 울려 퍼지는 순간
저것은 천사의 나팔이다

저게 천사의 나팔이라네
어머니는 벌어진 꽃 주둥이가 참말 나팔 같다고
소리도 나면 참말 희한하겠다고, 참말 희한한
옛집 노란 쪽문 곁에 핀 꽃
정화수 떠놓고 비는 어머니 같은 꽃
고맙다는 말 하려는데
귀가 먼저 가버렸네

저 지독한 나팔 소리, 이젠 헛헛한 소리
다시는 세상 독한 말 안 들리는
다시는 드나들 소리 없을, 내 어머니 귀로 가거라
한 번도 듣지 못한 순한 말로 가거라
여름 밤바다처럼 애틋한
꽃처럼 가거라

아리랑 아리랑 아라리요

잔디 위에 슬픔이 쏟아지는 것을
보았다 하얀 춤사위가 무연하게 슬픔을
덮었다 가볍다
그때 숨 멎을 듯 해금 소리 들려오고
우리는 몸짓을 따라 아리랑을 불렀다
오래오래 한 맺힌 가락이
공명통을 울리며
그리움으로 되살아났다
한겨레 한민족
그 숨결을 식별하는
정한의 소리

우리가 우리를 알아내는 소리가
그로부터 만 년을 넘어
입, 입으로 이어지는
영혼의 깨우침

아리랑 아리랑 아라리요!

나를 깨닫는 즐거움을 다함께 누리리라!

찬란한 빛이 되는

희망의 소리

문해교실 풍경

학생들 평균 일흔에 가까워 웬만한 강사들 분위기에 압도되어버리지요 세상사 다 겪은 어르신들 공부 밖의 것들은 선생보다 훤히 꿰뚫고요 선생 머리 꼭대기에 앉아 계시고요 가끔 학부모가 인사차 오기도 하는데요 학부모가 아니라 학자녀라고 해야 할 것 같은데요 그 학자녀는 연로하신 분들 공부하는데 수고 많다고 떡을 해오거나 농사지은 딸기나 수박을 가져오기도 하는데요 사랑과 미안함을 통에 가지런히 담아오는 마음은 가슴 뭉클하게 하는데요 가난한 시절 자식들 거두느라 까막눈 밝히지 못한 것 평생 한 맺히고 부끄러워 동네 사람들에게 병원 간다고 몰래 공부하러 오기도 하는데요 그런 속 깊은 마음 아는 자녀들 교실에 앉아 책 읽고 공책에 끼적대는 것만 봐도 가슴이 벅차 눈물바람이고요 어르신 학생들 모른 척 책상에 눈을 박고 연필 꾹꾹 눌러 하염없이 쓰고 있는데요 가나다라마바사자차카타파하 뒤늦은 아름다운 풍경에 목메고 또 눈물나고요

해설

감각을 채집하고 관계를 작동시키다

마경덕 시인

어떤 수식으로도 개별적인 고통을 완벽하게 묘사할 수 없다. 타인의 통점을 온전히 자신의 것으로 느낄 수 있을까. 시인은 그 고통에 근접해보지만 자신의 한계에 부딪히곤 한다. 어떻게 현실 너머를 보아야 하고 보여줄 수 있을 것인가? 삶을 견디기 위한 환상을 걷어내면 남는 것은 무엇일까. 사실적인 상황 앞에서 보편적인 개념을 어떤 현상과 연결시켜 형식 안에 담아낼 수 있는가? 이것은 늘 의문으로 남아 있다. 안과 밖이 있는 것처럼 보이지만 하나의 표면만이 존재하며, 방향성이 없어 좌우상하의 개념이 사라지는 이상한 뫼비우스 띠처럼, 사람과의 관계도 이와 같이 '멀다'와 '가깝다'의 기준은 주관적이어서 모호하다. 정작, 표면적인 관계를 떠나 '마음의 거리'는 알지 못한 채 우리는 '느낌만으로' 서로의 거리를 짐작한다. 익히 보고 알고 있는 것도 뒤늦게 발견되는 오류들이 많다. 20세기 초, 아인슈타인이 시간과 공간을 하나의 단일한 실체인 '시공간(spacetime)'으로 통합함으로써 뉴턴의 관점을 깨뜨렸듯이 한때는 절대적이었던 것이 시간이 흐르면 얼마나 하찮은 것이었는지, 또는 하찮은 것이 뜻밖에 소중한 존재였음을 알게 될 때도 있다. 인간의 눈은 정확하지 않다. 그래서 실수를 반복하며 살아간다. "진정한 시인은 승리하기 위해 죽음에 이르기까지 패배하기를 선택한 사람이다."라고 한 사르트르처럼 형체도 없는 '생각'을 보편화시켜 그 실체를 드러내야 하는 시인들, 현실을 지배하는 힘이 삶을 참견하고 생활이 침식을 당할지라도 상실된 흔적까지 현재로 불러내어 빛으로 발현되는 시(詩)는 시대와 장소를 초월해 '보편적인 가치'를 지니고 있다. 하여 시는 실패하면서도 끊임없이 태어나고 도전을 받는다. 대상의 본질에 다가가 새로운 이미지를 덧입혀 현재를 기록하거나 흘러가 버린 것, 실체가 없거나 존재하지만 인식에 의해 가치를 인정받지 못하는 것들. 이미 사라진 '존재의 부재'까지 복원할 능력이 문학에게 있다.

시는 과거의 자신이었을 때가 많다. 과거의 숱한 나는 '현재'이며 현재마저 이미 '과거이기에' 시의 재료는 무궁무진하다. 시 쓰기는 습관적 인식을 깨뜨리는 작업이다. 장삼이사의 일상적인 담담한 풍경을 관찰자의 시각으로 날카롭게 또는 따뜻하게 포착한 송문희 시인의 첫 시집 『나는 점점 왼편으로 기울어진다』는 인간과 인간이 겪는 관계에 주목한다. 이렇듯 불완전한 관계를 통해 현대사회에 만연한 불신과 삶의 가치에 대해 조명하고 있다. 송문희 시인에게 사유의 시간은 고통일 수도 있다. 그럼에도 불구하고 쉽게 관심을 갖지 않는 현실에 대해 집중하는 것은 시인이 택한 스스로의 텍스트이며 '사회적 약속'에 대한 이유이기도 하다. 시인은 단순한 내용을 포착하여 새롭게 작품을 구성한다. 이때 시인의 프레임 안에 들어온 이미지로 그 주변의 상황들까지 볼 수 있다. 오히려 그는 생소하고 이질적인 것들보다는 주변의 익숙한 것들, 현실에 동화된 평범한 삶의 장면들에 주목한다. 다양한 재료를 통해 이루어진 작품들의 거처는 대부분 우리가 거주하는 고착된 공간이다. 프랑스의 사회학자인 앙리 르페브르(H. Lefebvre)는 늘 반복되는 지루한 일상성의 가장 위대한 측면은 "완강한 지속성"에 있다고 했다. 주변에 널린 일상의 재료들, 기존의 것들을 면밀히 관찰하며 서로 반목하지 않고 '실재와 허구의 간극'을 적절히 조율하는 방식은 송문희 시인이 시를 지속할 수 있는 힘이다. 시인의 심성(心性)이 일상에 녹아 있는 이 시집의 표제작인 「나는 점점 왼편으로 기울어진다」는 방향을 예측하기 어려운 시대를 다루고 있다.

오른편으로 기우는 몸의 중심을 늘 왼편이 잡아주었다
월 몇만 원이 기아에 허덕이는 생명을 구한다는 공익광
고를 볼 때마다 나는 저절로 TV 앞에서 왼편으로 몸이 기
울었다 마음이 왼편에 있는 줄 알았다 우회로를 돌 때마
다 한쪽으로 쏠리는 몸을 바로 잡아주던 왼편의 배후가
궁금했다

견딘다는 것은 왼편에 몸을 기댄다는 것,

목련꽃이 왼편으로 기울고 동백꽃 왼편이 더 붉은 것도
봄의 심장이 왼편에 있기 때문이다

나는 점점 왼편으로 기울어진다

—「나는 점점 왼편으로 기울어진다」 전문

우리가 가진 열망의 중심부는 '오른쪽'이다. 대부분 왼손보다는 '오른손'에 익숙해 있어 '오른쪽'은 '왼쪽'보다 더 많은 무게를 지닌다. 지금의 내가 어디에 속해 있는지 뒤돌아보는 「나는 점점 왼편으로 기울어진다」는 자신을 둘러싼 온갖 일과 그 현실 속에 공존하는 무수한 타인들이 등장한다. 지구라는 행성에 함께 살면서도 빈곤으로 끊임없이 고통 받는 저편의 나라, 마지막 극점에 서 있는 공존이 불가능해 보이는 상황이 TV로 제시되고 연민과 동정으로 파생된 시인의 감정은

왼쪽으로 기울어간다. 왼편에 있는 심장(心臟)이 배후이다. 생명과 동일한 의미를 지닌 심장은 혈액을 온몸에 흐르게 하는 인체의 엔진이다. 타인의 불행 앞에 동요하지 않는 무감각한 양심들, 그저 습관처럼 채널을 돌려버리는 차가운 심장들, 척박한 환경이 주는 결핍과 불신들, 메마른 현실에 노출된 우리는 타인의 고통 앞에 오른쪽인가, 왼쪽인가? 시인은 이러한 질문에 찬반논리를 펴지 않고 "견딘다는 것은 왼편에 몸을 기대는" 것이라고 하였다. 그렇다. 누군가는 기대고 누군가는 받아주어 세상은 돌아간다. "봄의 심장"도 왼편에 있어 겨울을 밀어내고 봄이 오는 것이다. 송문희 시인은 몸 밖에 있는 타인의 고통을 자신의 몸 안으로 끌어들여 '왼쪽'으로 기울고 있다.

꽃 축제 한 마당
활짝 핀 꽃들을 지나 구석진 곳, 의자 하나 놓고
중절모 푹 눌러쓴

캐리커처 화가가 늙어가는 나를
최대한 익살스레 그려보겠다는데
왠지 내 인생이 익살스러울 것 같아
잠시 망설인다

당연한 것이 불편하다

교통사고로 찢겨진 쌍꺼풀 가지런하게
듬성듬성한 머리칼 풍성하게
처진 턱선 날렵하게
팔자주름 눈가주름 목주름 없애주시면
안 될까요?

그러면 딴 사람이 됩니다

자리를 고쳐 앉았다

정 그러면
옆모습은 어떨까요?

—「어떤 주문」 전문

캐리커처 화가는 사람이나 사물 따위의 특징을 과장하여 우스꽝스럽게 풍자해 그림을 그린다. '입'이 큰 사람은 얼굴의 절반을 '입술'로 '광대뼈'가 튀어나온 사람은 '광대뼈'가 전부일 정도로 개인의 특징을 지나치게 강조한다. 실제의 모습을 그대로 화폭 위에 옮기는 것이 아니라 고정관념을 깨고 이미지를 확장시켜 상황을 변환시킨다. 화가 앞에 앉는 순간 모델은 각오와 체념이 필요하다. 화가의 시각은 개인이 지닌 개성을 돌출적인 이미지로 표출하는 것이다. 완성된 그림을 보는 순간 어쩌면 '아이러니'에 충격을 받을 수도 있다. 그런데, 전혀 다른 그림인데도 그 사람의 이미지 하나가 '그 사람'임을 알아채게 한다. 이 또한 재미있는 상황이지만 정작 본인은 자신의 '약점'을 들킨 것 같아 그다지 유쾌하지 않다. 모델의 모습을 읽고 수집한 감정과 생각이 만든 하나의 문장처럼 그림은 '백지 한 장'으로 압축된다. 어쩌면 '은유와 아이러니'가 동반된 '시의 형식'이다. 화가가 의도한 주제가 선명한 '한 장의 백지' 앞에서 시인은 팔자주름, 눈가주름, 목주름을 없애달라고 주문을 하지만 화가는 단호하다. 그러면 '딴 사람이 된다'는 것이다. 이미 화가의 머릿속에는 모델의 생각과 다른 이미지가 차지하고 있다. 가장 익살스러운 그림이 가장 '그림답다'는 것이고 가장 '진실하다'는 것이다. 최근엔 성형과 포토샵의 발달로 진정한 얼굴을 만나기 힘든 세상이다. 흔히 볼 수 있는 평범한 얼굴도 '전문가'의 손이 지나가면 전혀 다른 사람으로 태어난다. '불완전성'이 '완전성'으로 회복되어 당당하게 거리를 활보한다. 외모는 그럴 듯하지만 내면은 반듯하게 정리가 되어 있을까? 외부 요소들이 개입하여 시각을 변화시키는 것은 자신감을 주고 자기만족에도 좋다. 하지만 이 사회가 겉치레에 깊이 빠져 있다는 것을 누구도 부인하지 못할 것이다. 기존의 틀에 길들여진 습관에 질문을 던지는 「어떤 주문」은 진정한 아름다움이란 무엇인지 생각해보게 되는 빼어난 작품이다.

교토에 가면 귀무덤이 있네
거기엔 조선 병사들 목 대신 베어 간
코가 묻혔는데
코무덤이 아닌
귀무덤이라 부른다네

관광객 앞에서만
묵념하는 만행의 역사
무방비로 당한 민족 앞에
사죄와 반성은커녕
치욕의 역사로 관광 벌이를 하다니

부끄러움도 모르는
만천하에 드러난 그들의 욕사(辱史)
에비! 에비!

얘들아
함부로 만지지 마라
에비! 에비!

—「귀무덤」 전문

"귀와 코를 자른다"는 말이 '에비'이다. '귀와 코'를 뜻하는 한자어인 이비(耳鼻)에서 나온 말로 위험한 일을 막기 위해 어린아이에게 미리 주의를 줄 때 지금도 사용되는 말이다. 임진왜란 때 일본군이 전리품으로 조선 백성의 귀와 코를 베어갔다. 일본 교토에 있는 약 9m에 이르는 '귀무덤' '이총'은 12만 6천여 명의 코와 귀가 잘려 매장되었다고 한다. 우리나라의 뼈아픈 역사를 증명하는 '귀무덤'은 알고 보면 '코무덤'이다. 도요토미 히데요시는 부피가 큰 목 대신 부하 장수들에게 조선인의 코와 귀를 베어 바치라고 명령했고 일본 장수들은 더 많은 공을 세우기 위해 조선의 백성들까지 죽였는데 얼마 후 귀는 두 개여서 수를 부풀릴 수 있다며 코를 베어 오라고 했다. 산 사람의 코도 마구 베어 코를 소금에 절인 뒤 일본으로 보냈는데 도요토미 히데요시는 일일이 그 숫자를 센 뒤 일본 온 나라를 자랑스레 순회했다고 한다. 초기 유학자 하야시라산(林羅山)이 '코무덤'은 너무 야만스럽다며 '귀무덤'이라고 불러 지금까지 '귀무덤'으로 불리고 있다. 여행을 가면 빼어난 풍경을 찾게 되고 치욕의 역사는 환상과 같은 여행의 즐거움에 가려 보이지 않는다. 시간을 거슬러 올라 실제의 상황을 만나는 순간, 역사는 맨얼굴을 보여준다. 헤롤드 에저튼(Harold Edgerton)이 찍은 총알이 초속 900미터로 사과를 관통하는 순간을 포착한 사진이 있다. 초고속으로 총알이 사과를 관통하는 순간을 보면 전율을 느끼게 된다. 마치 '귀무덤'도 이와 같은 것이 아닐까. 증거가 없다면 역사의 한 페이지에 잔혹한 사실이 흐지부지 잠들었을지도 모를 일이다. 총알이 '사과의 심장'을 관통하듯이 눈으로 생생하게 확인시켜주는 '귀무덤'은 우리의 가슴을 관통하는 '역사적 충격'이다. 과거와 현실과 미래, 삶과 죽음 사이에 놓인 불안한 경계에 '귀무덤'이 서 있다. 만천하에 드러난 그들의 욕사(辱史) 앞에 송문희 시인은 "에비! 에비!"라고 우리의 '역사'를 모르는 철없는 아이들에게 '경각심'을 일깨우고 있다.

그날 나래기에는 왜 갔을까
우리는 무엇을 찾았을까

봉화 석포에서 서울 동대문구 답십리를 떠올렸다
고요한 시골풍경 속에서 찌든 판자촌이 오버랩 되었다

개울에서 도란도란 빨래하는 여자들과
판잣집에서 봉투 붙이고 거즈 접던 여자들

한적한 시골 탁 트인 바깥과
궁색하고 비좁은 도시의 안쪽

'그냥 없음'과 '있다가 없어졌음'의 차이
적적함과 막막함의 차이

비 갠 뒤 나래기는

학이 날아가는 형상이란 마을 고샅은
아직 빗방울 맺힌 추억처럼 그리운 거기는
학(鶴)의 날개쯤이 아닐까

옥수수밭 사이로 짙은 흙 내음이
훨훨 날아올랐다

—「나래기」 전문

시인은 봉화 석포 '나래기'라는 마을에서 서울 동대문구 답십리를 떠올렸다. 최초의 경험임에도 이미 본 적이 있거나 경험한 적이 있는 느낌이나 환상이 떠오른 것이다. 시인은 현실적으로는 너무 먼 기억의 어느 지점에서 눈앞에 펼쳐진 풍경과 마주쳤다. 이 '기시감'은 화자의 잠재의식에 '각인된' 시간들이다. 재개발이 되기 전의 답십리는 가난한 사람들이 모여 사는 판잣집이 즐비한 산동네였다. 공동화장실 앞에 아침마다 길게 줄을 선 사람들, 구청 청소부들이 똥지게를 지고 가파른 언덕길을 오르내리던 시절도 있었다. 여자들은 판잣집에서 봉투를 붙이고 거즈를 접어 푼돈을 살림에 보태었다. 시인은 불현듯 "한적한 시골 탁 트인 바깥과/궁색하고 비좁은 도시의 안쪽"에서 무엇을 보았을까. 시인은 "'그냥 없음'과 '있다가 없어졌음'의 차이'/적적함과 막막함의 차이"라고 한다. '적적함' 속에는 여유가 있지만 '막막함' 속에는 삶의 '절박함'이 있다. 누군가는 "세상은 아득한 환상과 현실이 끊임없이 부딪치고 교차하는 곳"이라고 하였다. 어떤 순간을 대면했을 실제와 환상이라는 경계에서 가슴에 묻어둔 쓸쓸한 기억이 떠오른 것이다. 익숙한 풍경으로 끊임없이 주변을 맴도는 기억은 늙지 않는다. 미묘한 균열로 가슴을 앓아야 했던 기억이라면 더욱 그렇다. 물리학의 지평을 새로 쓴 아이작 뉴턴도 "시간과 공간은 절대 변하지 않는 무대"라고 했다. 아직 빗방울 맺힌 추억처럼 그리운 곳에 살고 있는 그 시절은 시인의 기억에 가장 아름답고 평화로운 때가 아니었을까. 아마 처마 낮은 집 앞에는 키 큰 옥수수밭이 있었고 비가 오면 흙 내음이 작은 창문 앞까지 날아왔으리라. 된장찌개가 보글보글 끓는 밥상에 마주앉은 웃음은 그곳에 아직 살고 있을 것이다. 지금은 사라진 마을, 가난했지만 참으로 행복한 시간을 「나래기」에서 엿볼 수 있다. 「나래기」는 서로 다른 속도를 생각하게 한다. 현대 도시는 '건설과 파괴'라는 재개발로 날마다 숨이 차다. 과속을 하는 속도와 '느리게' 가는 삶의 속도 중에 어느 것이 옳은 것인지는 섣불리 답을 내릴 수 없을 것이다. 다양한 삶의 모습을 채집하는 시인에게 시를 쓰게 하는 힘은 이런 것이다. 풍요가 주는 기쁨도 있지만 빈곤함에서도 소소한 기쁨을 찾을 수 있다. 이와 같은 느낌은 아래 예시된 「흑백의 골목」에서도 엿볼 수 있다.

골목은 도시의 사각지대

도시 안쪽 거처는 저장되지 않는 지점
햇빛의 감시망 벗어나 미로 같은 좁은 통로를 지나면
무료한 담벼락,
경계 없는 쪽문과 쪽문의 행간에는
낙서같이 담쟁이가 자라고, 아이들은
매일 똑같은 문장을 썼다

아이들은 골목길을 오솔길이라 부르고
단칸방을 오두막이라 불렀다
대개 홀수로 살아가는 이마를 맞댄 골목은
슬픔의 크기마저 고만고만했다

방 하나에 세든
도편수가 꿈이라는 목수 총각
두어 달씩 방을 비우면 누구나
두 평의 황홀한 자유를 누리며
슬그머니 그 방에서 책을 읽고, 술을 마셨다

세상 막다른 골목에서 자라난
음지들이 바깥으로 발을 뻗어나갔다가
시간을 되짚어 찾아오면

오래된 골목은

속주머니에 숨겨둔 풍경을 꺼내놓는다

—「흑백의 골목」 전문

인지하는 결과물은 감각기관에서 완성되지 않고 머릿속에서 상상으로 완성된다고 한다. 무언가를 인식하려면, 대상을 받아들이는 감각보다 자극을 종합하여 판단하는 지각과 상상이 결정적인 역할을 할 수도 있다는 것이다. 「흑백의 골목」은 오래된 기억이다. 즉, 컬러가 아닌 흑백의 시절이며 흑과 백으로 나누어진 상상의 결과물이다. "도시 안쪽 거처는 저장되지 않는 지점/햇빛의 감시망 벗어나 미로 같은 좁은 통로를 지나면"에서 언급하였듯이 빛이 들지 않는 '음지'의 장소이며 좁은 골목에 살던 "저장되지 않는" 지점이다. 시인이 오래된 흑백의 풍경을 바라보는 막연하고 막막한 느낌들은 이제 닿을 수 없는 '그리움'이다. 시인은 오랫동안 축적된 삶의 질서와 그 내면을 탐색하는 시선으로 작품을 완성한다. 자신을 둘러싼 체계에서 '본질을 찾는' 과정에 집중한다. '잠재된 기억'을 소환해 현실과 과거를 오르내리며 과거와 현재를 이어줄 여러 경로들을 제시하며 삶의 방식을 사유하는 것이다. 개인의 정체성은 국가와 사회, 문화에서 영향을 받는다고 한다. 정체성은 개인이 속한 사회에서 개인과 다수의 역할로 형성되기 때문이다. 빠르게 급변하는 문화의 물결과 정치적인 파동으로 시대의 갈등은 충돌의 수위를 높이고 있다. 두어 달씩 비어 있는 타인의 방에서 누구나 두 평의 자유를 누리며 그 방에서 책을 읽고, 술을 마시던 시대는 어디로 갔는가. 도편수를 꿈꾸는 젊은이는 어느 곳에 살고 있을까. 「흑백의 골목」은 적당히 거리를 두거나 적당히 타협하고 불리하면 외면하는 현대인이 살아가는 방식과 대조를 이루고 있다. 속주머니에 숨겨둔 오래된 풍경을 꺼내놓는 골목은 지상 어느 곳에 존재하고 있을까. 자신만의 목소리로 독자와 소통을 시도하는 송문희 시인은 박제된 기억을 흔들어 깨워 현재로 걸어 나오게 한다.

> 늦가을 어스름 무렵
> 성모상 앞에 엎드린 고양이 한 마리
> 인기척에 미동도 없다
> 입도 귀도 단단히 닫고
> 오랜 묵상의 경지에 이른 듯
> 대침묵에 든 듯
>
> 슬픔 따위 이겨내지 못하고
> 울먹이는, 나를 향한 일갈
> 굽은 등줄기가 산맥처럼 가파르다
>
> 어떤 아픔이 세차게 타고 내려간 흔적
> 견딜 수 없는 통증에, 벼린

온몸으로 기도하는 미물의 등짝

나는 가슴에 모은 두 손을 가까스로 펴서
바닥을 짚고 몸을 접었다
켜켜이 쌓인 말들을 비워내고
영원을 청하는데

부스스 몸 일으켜 어둠 속으로 걸어 들어가는

한 슬픔이 사라지듯
한 스승이 떠나가듯

—「조우」 전문

미물에게서 발견한 '깨달음'이란 결과물을 독자에게 제시함으로써 시인이 만든 세계에 거부감 없이 편입되는 「조우」는 불행을 외면하지 않고 현실과 화해를 원하고 있다. 성모상 앞은 평화로운 장소이다. 세상으로부터 탈출해 비로소 혼자가 되는 고립된 공간이며 시인의 의식과 무의식을 뛰어넘는 초현실적 장소이다. 장소가 품고 있는 숱한 '마음의 겹'은 대침묵으로 나타난다. 무의식 저편에 저장된 기억까지 끄집어내어 검열을 거치듯이 '기도'라는 의식적인 행위를 통해 위로를 받는 곳이다. 어둠이 내릴 무렵 편안하고 성스러운 기운이 감도는 곳에서 미동도 없는 길고양이 한 마리와 마주친 시인은 “어떤 아픔이 세차게 타고 내려간 흔적/견딜 수 없는 통증에, 벼린/온몸으로 기도하는 미물의 등짝”에서 슬픔 따위 이겨내지 못하고 울먹이는, 나약한 자신을 발견한다. 우연히 마주친 짧은 조우(遭遇)에서 입도 귀도 단단히 닫고 경지에 오른 묵상을 보았다. 험한 세상을 온몸으로 살아낸 길고양이 한 마리 부스스 몸 일으켜 어둠 속으로 걸어가는 모습이 초연하다. 이렇게 살아가는 것이라고 한수 가르쳐준 스승처럼.

「조우」는 고양이를 바라보는 압축된 시선만으로 많은 이야기를 하고 있다. 불편한 감정과 마주치며 현실의 위협도 개의치 않는 내성을 미물에게서 발견한 시인은 어긋난 삶의 방식을 조립하며 ‘산맥처럼 가파른 등줄기’로 일어서는 중이다. 이렇듯 송문희 시인이 주목하는 것들은 ‘사소한’ 것에서 발견되는 ‘깨달음’이다. 중심에서 비껴나 뒤편으로 물러선 것들을 면밀한 시선으로 관찰하고 재구성된 일상의 이미지를 ‘구심점’으로 자신이 경험한 세계로 끌어들여 ‘표피적 감각’으로 또 다른 현실을 만든다.

다투듯 밀려오는 무수한 말들 가운데
당당하고 소탈하고 숨김없고 변함없는 마음 가운데
도시의 어느 광장
어느 거리

어느 골목

어느 변두리 가운데

가장 인간적이고 가장 소신 있고 가장 뚝심 있는 가운데

태산 같은 사람들 가운데

그들도 별반 다르지 않는 가운데

모두들 촌놈들인 가운데

—「촌놈정신」 전문

사람은 출생지의 환경과 주변의 관계에서 영향을 받는다. 수많은 일과 사건이 발생하는 곳이 '장소'인 것이다. 각 지방마다 언어가 조금씩 다르고 풍습과 문화가 다르다. 인간이 구사하는 교류의 방식은 자라면서 자연스럽게 몸에 밴 언어나 습관이다. 특별한 의미가 담긴, 언어나 행동, 그리고 신분이나 학벌은 상호작용으로 형성되는 사회적 구조의 체계에서 관계를 구성하는 중요한 역할을 한다. 바람직한 사회는 다양성과 가치를 존중하고 인정해주는 사회이다. 하지만 사회 구성원들의 지위는 개인의 능력에 앞서 조건이 우선이 되어 금수저와 흙수저로 나뉘고 '갑과 을'의 관계로 구분되었다. '촌놈'이란 "행동이나 외모가 촌스러운 남자를 낮잡아 이르는 말"이니 분명 사회적 약자에 속한다. 표준어의 사전적 의미는 "우리나라에서 교양 있는 사람들이 두루 쓰는 현대 서울말로 정함을 원칙"으로 하고 있다. 그 원칙을 벗어난 사람은 표준어가 아닌 사투리를 쓰는 사람일 것이고 어느 촌에

서 올라온 '촌사람' 즉 '촌놈'일 것이다. 그런데 촌놈은 "가장 인간적이고 가장 소신 있고 가장 뚝심 있는 가운데/태산 같은 사람들 가운데/그들도 별반 다르지 않는 가운데/알고 보니 모두들 촌놈들인 가운데"라고 시인은 당당하게 외치고 있다. 결국 표준어를 쓰는 사람이나 사투리를 쓰는 사람이나 사람은 평등하다는 것이다. 세련되고 야멸찬 도시인도 알고 보면 별반 다를 게 없다. 골목이나 변두리를 헤매지만 자신의 이익을 위해 빌붙지 않고 뚝심 있는 우직한 마음이 더 소중하지 않느냐는 것이다. 송문희 시인은 겉으로 드러난 '외모'보다는 우리의 육체를 지배하는 보이지 않는 '마음' 즉, '정신'에 집중하고 있다. '촌'과 '도시'를 대비시켜 긴장된 관계를 형성한 「촌놈정신」은 '정신'보다는 '물질'에 양심을 파는 '성공과 출세'라는 목적지를 향해 수단과 방법을 가리지 않고 질주하는 '위험한' 이 시대에게 전하는 '경고의 메시지'를 포함하고 있다. 왠지 「촌놈정신」을 읽으면 가슴이 후련해지는 이유는 무엇일까.

여름 밤바다 축제
바다는 뜨거웠던 모래 털어내고
햇빛 가리개 모두 접어 어둠을 목청껏 부른다

오케스트라가 하나씩 다른 소리를 들고 나와

같은 음계에서 만나기로 한 약속처럼
소리는 지휘봉을 따라다니고
관객들 맨발로 클래식을 듣는다
트럼펫 연주가 울려 퍼지는 순간
저것은 천사의 나팔이다

저게 천사의 나팔이라네
어머니는 벌어진 꽃 주둥이가 참말 나팔 같다고
소리도 나면 참말 희한하겠다고, 참말 희한한
옛집 노란 쪽문 곁에 핀 꽃
정화수 떠놓고 비는 어머니 같은 꽃
고맙다는 말 하려는데
귀가 먼저 가버렸네

저 지독한 나팔 소리, 이젠 헛헛한 소리
다시는 세상 독한 말 안 들리는
다시는 드나들 소리 없을, 내 어머니 귀로 가거라
한 번도 듣지 못한 순한 말로 가거라
여름 밤바다처럼 애틋한
꽃처럼 가거라

—「천사의 나팔」 전문

'물결파'는 '물'을 통해, '지진'은 '땅'을 통해 번진다. 파동을 매개하는 물질이 '매질'이다. 보이지 않는 공기라는 매질을 통해 '음파'가 생겨 소리를 들을 수 있다. 공기가 없으면 소리도 사라진다. '천사의 나팔'은 커다란 꽃을 아래로 매다는 가지과의 관상용 식물인데 활짝 피면 마치 나팔을 닮았다. 세속적인 행사뿐 아니라 종교의식에서도 주로 사용된 나팔은 성경에 보면 전쟁을 알리거나 병사를 소집할 때, 마지막 심판을 알리는 경고의 상징으로 언급된다. 또한 하느님의 위엄과 권위, 임박한 심판의 경고를 의미한다. 가지과에 속하는 '천사의 나팔' 역시 이런 이유로 '천사'란 이름으로 불리지 않았을까. '나팔'처럼 아래로 늘어진 꽃, '나팔'의 모양을 갖추었지만 이름처럼 착하지 않은 '독초'라고 한다. '터널시야'란 말이 있다. 특정한 것만을 바라보고 나머지를 바라보지 못해 주변의 대부분을 놓쳐버리는 현상인데 '이름에 홀려' 독은 미처 보지 못한 셈이다. 소리를 내뱉는 사람의 발음기관은 악기와 비슷하다. 송문희 시인은 「천사의 나팔」을 통해 어머니의 '잃어버린 귀'를 만난다. '천사의 나팔'은 옛집 노란 쪽문 곁에 핀 '어머니 같은' 꽃이었다. '고맙다'는 말을 하기도 전에 '귀'가 먼저 가버렸다. 다시는 독한 말 안 들리는, 한 번도 듣지 못한 순한 말로 가라고 한다. '후회'라는 거친 표면, 그리움이라는 '촉촉한 질감'으로 '그리움의 낙차'는 깊어진다. 미처 해소하지 못한 근심의 무게가 「천사의 나팔」 속에 들어 있다. 소통을 향해 나아가는 시인에게는 시원하게 불어보고 싶은 '나팔'이 있다.

시인에게 첫 번째 질문은 곧 '자신'이다. 정신적, 육체적 노동자인 '나'와의 관계성에 주목하며 무수히 많은 질문과 마주친 시인은 백지(白紙)라는 '공간'을 앞에 놓고 지루하게 '파동'을 기다린다. 물에 던진 돌멩이 하나가 수면의 '진동 에너지'로 바뀌어 멀리 퍼져갈 때 동심원이 겹쳐 만들어낸 물무늬가 '시의 발화점'이 되기도 한다. 몰입을 통해 파생되는 이미지들을 시집이라는 공간에 적절하게 배치한 송문희 시인은 '생각과 생각'의 충돌로 신선한 충격을 준다. 일상에서 대상을 발견하고 경험한 '과거와 현재', 떠나온 곳의 '이질적인' 존재들의 '관계'에 주목한 시인은 소외된 지역과 가까운 주변을 아우르며 '감각을 채집'하고 '고립된 '관계'를 작동시킨다. 좋은 재목(材木)은 이렇게 오랫동안 때를 기다려 태어나는 것이다.

이 도서의 국립중앙도서관 출판시도서목록(CIP)은 서지정보유통지원시스템 홈페이지(http://seoji.nl.go.kr)와 국가자료공동목록시스템(http://www.nl.go.kr/kolisnet)에서 이용하실 수 있습니다.(CIP제어번호: CIP2017026170)

문학의전당 시인선 0268

나는 점점 왼편으로 기울어진다

초판 1쇄 인쇄 2017년 10월 16일
초판 1쇄 발행 2017년 10월 23일
지은이 송문희
펴낸이 고영
책임편집 서윤후
디자인 헤이존
펴낸곳 문학의전당
출판등록 제2017-000002호
주소 서울시 마포구 마포대로 11길 91, 3층
전화 02-852-1977 팩스 02-852-1978
전자우편 sbpoem@naver.com

ISBN 979-11-5896-342-2 03810

* 이 시집은 2017 경남문화예술진흥원 문화예술지원금을 보조받아 제작되었습니다.